Let's
Be Friends

A Workbook to Help Kids Learn Social Skills & Make Great Friends

美国儿童
社交技能训练手册

帮助孩子学会交朋友提高社交能力的心理课

[美] 劳伦斯·E．夏皮罗（Lawrence E.Shapiro）
[美] 朱丽叶·霍姆斯（Julia Holmes）◎著
蔡冠宇◎译

北京科学技术出版社

著作权合同登记号 图字：01-2017-4394

图书在版编目（CIP）数据

美国儿童社交技能训练手册 /（美）劳伦斯 · E. 夏皮罗，（美）朱丽叶 · 霍姆斯著；蔡冠宇译 . -- 北京：北京科学技术出版社，2024.1（2024. 8 重印）
书名原文：Let's Be Friends
ISBN 978-7-5714-3428-1

Ⅰ . ①美… Ⅱ . ①劳… ②朱… ③蔡… Ⅲ . ①儿童—心理交往—能力培养—手册 Ⅳ . ① C912.3-62

中国国家版本馆 CIP 数据核字（2023）第 237146 号

策划编辑：孙晓敏 金秋玥
责任编辑：路 杨
责任印制：吕 越
出 版 人：曾庆宇
出版发行：北京科学技术出版社
社 址：北京西直门南大街 16 号
邮政编码：100035
电话传真：0086-10-66135495（总编室） 0086-10-66113227（发行部）
网 址：www.bkydw.cn
印 刷：三河市华骏印务包装有限公司
开 本：710mm × 1000mm 1/16
字 数：150 千字
印 张：12.75
版 次：2024 年 1 月第 1 版
印 次：2024 年 8 月第 2 次印刷
ISBN 978-7-5714-3428-1

定 价：59.80 元

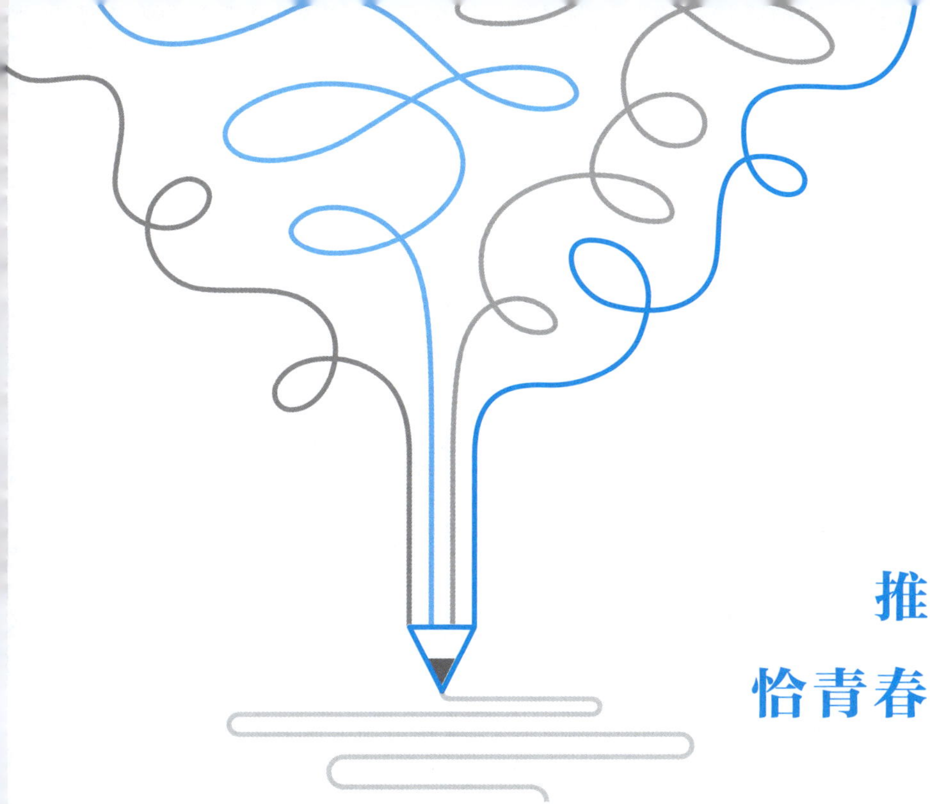

推荐序
恰青春年少

我是一名心理科学工作者，主要从事家庭与儿童和青少年身心健康发展的研究与咨询工作，每年会接触大量儿童和青少年的案例。今年三月初，北京科学技术出版社的编辑找到我让我给这套书写一篇推荐序，简单了解主题后，我欣然应允。通读了出版社发来的样稿，不禁赞叹这一套书真的非常棒，实操性非常强，很具有指导意义，让我受益匪浅。

简单来看，这套书共四本，关注的主题分别是欺负、社交、注意力和情绪管理。但仔细一品，四个主题之间有着密切的内在联系：我们太需要社交了，青少年更是如此；但社交并不总是愉悦的，常发生被排挤或欺负的现象，这些经历让我们难过；如何在社会交往中如鱼得水，情绪管理正是其中一种重要的能力，而这背后的核心恰恰是来自专注的力量。

成为一名合格的社会人

幸福是什么？你可能会说幸福就是拥有金钱、权力、地位、亲情、友情或是爱情。每个人可能有属于自己当下的回答。2015年，美国哈佛大学成人发展研究项目主任罗伯特·瓦尔丁格在他的 TED 演讲“What makes a good life？”（如何成就好的一生？）中为我们提供了一个普适性的答案：Good relationships keep us happier and healthier（好的关系让我们更加健康和幸福）。好的关系并不仅限于家庭内的关系，特别是随着孩子长大，好的关系越来越强调家庭以外的社会关系。

你可能有过如此的经历：你和另外两个伙伴在一块儿聊天，聊着聊着，他俩聊起了彼此感兴趣但你不熟悉的话题，此时此刻，你可能会产生一种强烈的被排斥感或类似心痛的感觉。这种现象在心理学中被称为“social exclusion（社会排斥）”，引发的不悦感被称为“social pain（社会疼痛）”。之所以称之为“疼痛”，是因为我们人类的人脑为了能高效工作，使用同一片大脑区域来管理社会疼痛和生理疼痛的反应。

社会排斥仅仅是社会交往中一种很常见的现象，如何避免和应对是我们需要掌握的一项技能。此外，倾听、分享、尊重、赞美、原谅、讲究礼仪以及学会拒绝等，都是社会交往过程中需要掌握的诸多技能。这套书给出了丰富的、具体的实操建议，帮助你从容地应对社交，成为一名合格的社会人。

向欺负行为说“不！”

当然，我们的社会交往体验经常是不那么顺心如意的，例如被别人欺负的时候。

每当在互联网上看到校园霸凌的新闻，我心里很不是滋味，特别是在成为母亲之后。

除了霸凌，其他诸如排挤、起绰号、嘲笑等也属于欺负行为。有些孩子之所以欺负他人是因为自己曾经遭受欺负，而有些孩子可能是因为自己的一些特点而经常被欺负。我最近在做一些关于校园霸凌的资料整理工作，回想起自己念初中时也见识过同学之间的各种欺负行为，我发现校园确实是青少年霸凌的“重灾区”。互联网时代，网络欺凌或网络暴力也同样可怕。事实上，在家庭中，来自兄弟姐妹的欺负也经常发生，而且对孩子身心健康造成的影响似乎不亚于同龄人的欺凌。成年人的职场世界同样如此，电影《大赢家》就巧妙地呈现了这一现象。

于你我而言，如何向欺负行为说“不！”，如何让自己不去欺负他人和不被他人欺负，如何即便被欺负了也能保持积极乐观，这些都是关键。正恰青春年少，我想，这套书会帮你找到答案。

情绪管理“修炼术”

社会人还有一个突出特点就是情绪丰富。论及情绪，你可能好像很清楚，但细想好像又不知道它到底是什么。看到同学受到老师的表扬，你可能为他高兴，可能会羡慕他，但也可能会嫉妒他，这些都是你情绪的体现。2017年，美国加利福尼亚大学伯克利分校的研究团队发表了一项研究，指出人类至少有27种社会情绪。科学家们还指出，人类所有的社会情绪都是由最基本的6种原始情绪发展而来的，它们分别是喜、惊、悲、厌、怒、恐。你不妨观看一下2015年的美国动画电影《头脑特工队》，会帮助你理解人类的情绪。

单拿“怒”（愤怒、生气）来说一下，这种基本情绪对我们社会交往的破坏力最强。试想，你和朋友的哪一次吵架不是因为愤怒？有些人很容易发怒，生气起来脸憋得通红，会呼吸加速，甚至可能会攻击他人。有些人则可能会选择攻击自己——是的，你不用惊讶，人的情绪表现和长相一样，千差万别。

愤怒的破坏力那么强，我们每个人都有必要学习管理好自己的愤怒情绪。心理科学研究表明，情绪管理的能力其实和语文或数学的能力一样，也是可以通过练习得以提升的。正恰青春年少，我想，这套书能助你成为情绪的主人。

专注的力量

在今天这个信息时代，注意力是一个人的毕生财富。可是，从近些年接触或听闻的关于注意缺陷多动障碍（俗称多动症）儿童的案例来看，似乎存在注意力问题的儿童越来越多。有些人将其原因归结为电视、电脑、手机等的应用；有些人归结为是家庭规模和家庭生活方式转变的结果；当然，也有人归结为是父母因为工作忙而无暇照顾孩子的结果。无论如何，至少有一点可以肯定的是，多动症的症状不会随着孩子长大自然而然地消失，反而会让孩子在人际关系、学业表现、心理健康等方面不断遇到挑战，甚至还可能影响下一代。

多动和多动症还是有区别的，多动的孩子不一定患有多动症。是否达到多动症的临床诊断标准，这个需要交给专业的医疗机构去判断。不过，多动是可以改善的，注意力是可以训练的。再次强调，注意力以及情绪管理能力其实都是我们大脑功能的表现。大脑在某种程度上和我们的肌肉很类似，越练越发达，遵循“用进废退”原则。所以，选用科学的方法对孩子进行引导训练对提升孩子的注意力特别有意义。恰青春年少，我想，书中介绍的方法绝对会对孩子有所帮助。

如果从家庭教育的角度出发，孩子的社会交往和自我调控等能力的发展主要是家庭社会化或家长言传身教的结果，其次是在学校的历练。然而这些其实都不够。有时，我们的确需要借助一些外部力量。恰青春年少，这套书或许正是这样一股有形的力量。

我特别欣赏这套书中每一本书的主题。没有那么学究气，而是实实在在地道出了孩子们的心声，也表达了作者的创作意图。是的，分心多动不可怕，可怕的是不以为意，任其发展；没有坏孩子，你的孩子只是在情绪管理能力上需要一些训练，就好像只要多加练习就能弹奏好某个曲目一样；教育孩子不去欺负别人，也教他如何才能不被别人欺负；掌握一些必要的社交技巧，每个孩子都能成为社交达人。恰青春年少，我相信这套书中的每一条有针对性的训练都将对你大有裨益。

是为弁言。

蔺秀云

2020 年 3 月

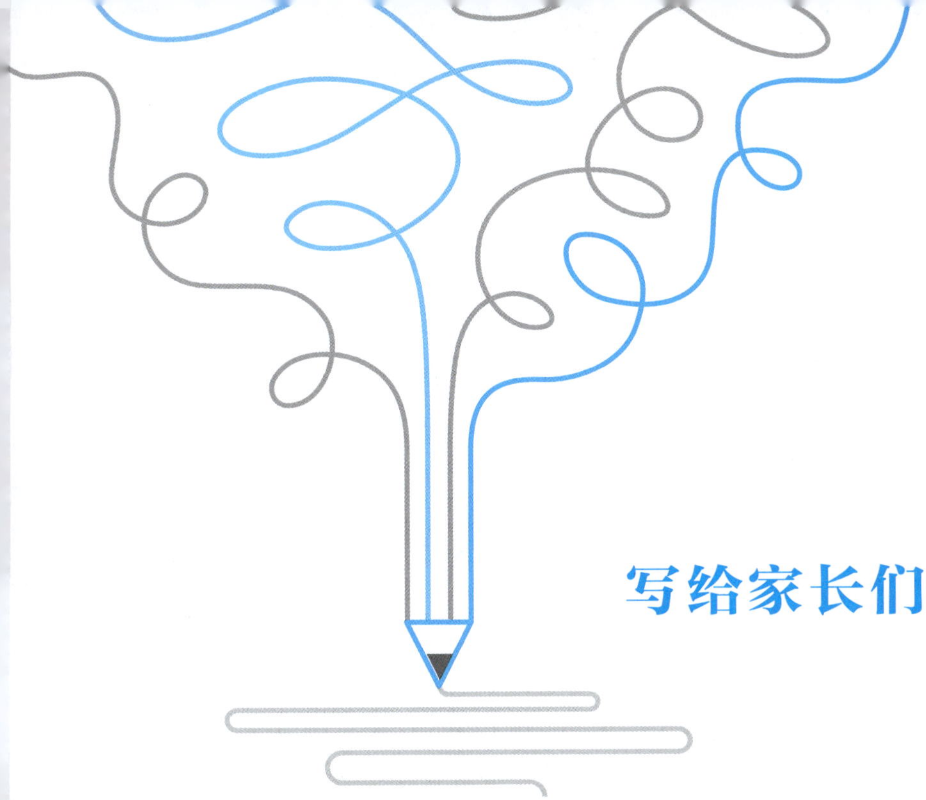

写给家长们的信

如今，很多孩子在交朋友和维系友谊方面存在问题。他们被遗忘在集体游戏之外，得不到去同学家做客的邀请，还可能被其他孩子取笑或冷落。

当你们意识到自己的孩子在交朋友方面存在问题，而别的孩子却有活跃的社交生活时，你们一定感到很沮丧。其实，解决这个问题的方法很简单：教给孩子与同龄人相处的社交技能，这些技能可以在本书有趣的活动中学到。一旦孩子学会了，这些技能会伴随他们一生。

孩子不一定要学会书中介绍的每一项技能，事实上，通过阅读本书，孩子能够学会一两项新技能就会有效果。在让孩子使用这本书之前，请你先浏览一遍这本书，看看是否有些知识在孩子知道以后会对他有帮助。这些活动以情绪智力理论为基础，该理论认为情绪、行为和社交技能像运动、音乐或学习技能一样，是可以被习得的。每个活动一开始都强调了该活动的基本要点，然后教给孩子一项关于交朋友方面的情绪、行为、社交技能。下一部分孩子会通过某种活动进一步理解和掌握这个技能，最后会提出一些问题，让孩子回答，但如果能把答案写下来是最有帮助的。如果你愿意，你可以帮助孩子写下来。过段时间，你可以再翻开这本书，看看孩子是否学会了新的技能。

尽管很多活动可以由孩子独立完成，但如果有成年人帮助，这些活动会更有效。你可能从自己的经验中了解到，改变一个人的行为并不容易，所以你的支持非常重要。

这本书是你帮助孩子学习交朋友的一个起点，不要觉得陪孩子看完这本书，你的任务就完成了。真正的学习发生在你的视野之外——孩子将学到的东西应用于真实的生活情境中。你可以继续当孩子的社交教练，鼓励孩子尝试新的想法，思考他们应该怎么做以及寻找新的朋友。

你可能发现，和你的孩子谈论某些话题是很困难的。永远不要强迫孩子说他不想说的事。让孩子敞开心扉的最佳方法就是做一个好榜样：说出你对每个活动的想法、感受和经验，强调你处理问题的积极方法。即使孩子不会说什么来回应你，但你的话仍然会对他的行为产生影响。

如果孩子在尝试了书中的一些活动后，仍然很难和同龄人交往，请考虑寻求专业指导。有的孩子很难交朋友是因为他们的大脑和其他孩子不一样：他们可能无法读懂身体语言或者有情绪问题，这都会影响交友；他们可能有愤怒管理问题或焦虑问题，很难适应新环境；或者他们可能在共情方面存在问题，很难从别人的角度看问题。这些问题可能需要专业人士提供帮助。如果你担心孩子的社会性发展，应该向医师或心理咨询师咨询，他们有很多方法评估一个孩子的问题是否需要通过治疗或者专业的帮助才能解决。

如果你的孩子确实需要专业帮助，你会发现这本书是一个很好的补充。把这本书给孩子的咨询师看，他可能有额外的意见让你更好地使用这本书。

真诚的作者们

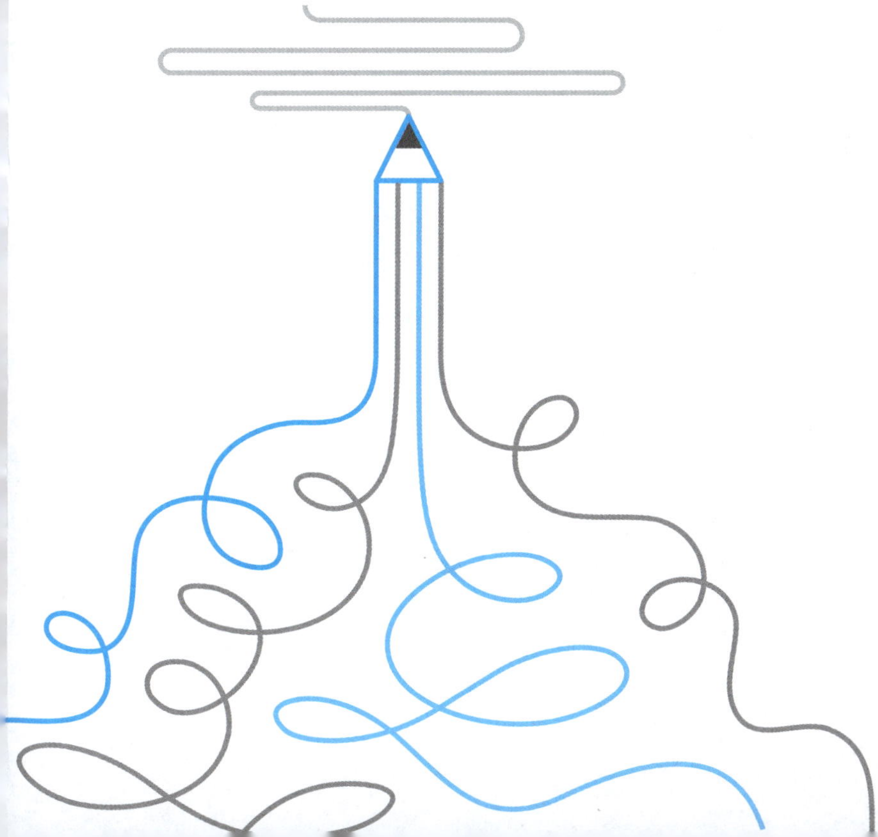

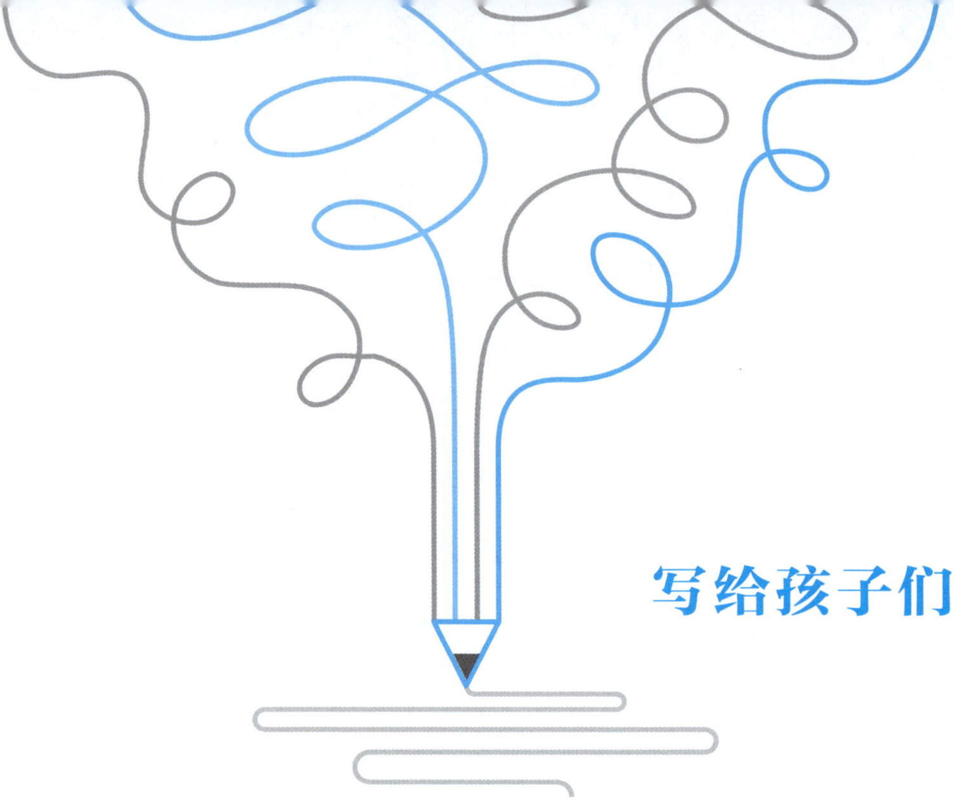

写给孩子们的信

有人给你这本书，可能是因为你不容易交到朋友。如果是这样，不要为此而难过。很多孩子都觉得在某些阶段，交朋友是很难的。这本书会给你一些很棒的建议来帮你交朋友，并让你从中得到乐趣。

还记得你第一次骑自行车或者第一次游泳的情景吗？一开始你觉得很难，但练习之后，你会做得很好。学习交朋友也是一样。

书中有 40 个活动，会教给你很多关于交朋友的知识与技能。你会学到怎样拥有一个友好的行为方式，使其他孩子愿意和你一起玩；你会学习如何读懂身体语言，了解其他孩子的感受；你也会学到其他孩子很少知道的秘密，来处理取笑或批评。

我们希望你发现这本书是有趣的，并且是有帮助的，让你能交到很多新朋友！

祝你好运，玩得开心！

作者们

Contents

目　录

CHAPTER 1　交朋友

CHAPTER 2 了解社交规则

CHAPTER 3 友谊中的付出与收获

CHAPTER 4 理解和关心你的朋友

1

CHAPTER 1
交朋友

有些孩子外向健谈，有些孩子内向害羞。有些孩子擅长运动，而且能在运动团体中交到朋友；有些孩子不擅长运动，也不喜欢参加其他团体活动。

虽然每个人的性格都是不同的，但是每个人都可以交到朋友！关键是要找到一个喜欢你的、也喜欢和你做同样事情的朋友。

这一部分的活动将会帮助你思考自己是什么样的人，如何让别人了解你的特别之处。同时，这些活动也会帮助你思考能让其他人想与你成为好朋友，你应具备的品质。

Activity 1

活动 1　关于你自己

· 你要知道 · 对自己了解越多的孩子越容易找到合适的朋友。

你是独一无二的！你是天赋、友谊、能力、喜爱、厌恶、计划、经验、兴趣的结合体，你与任何人都不同。人总是在变化，所以你无法总结出一个人的所有品质。但是，对自己了解得越多，就越能更好地帮助自己交到朋友。想想你对什么感兴趣，你擅长什么，什么东西对你是重要的，这些都能够帮助你。从现在开始，好好了解你自己！

你 要 做 的

在下面的画框里画出你的样子。你可以画你在做最喜欢的事情时的样子，也可以画和你最喜欢的人、最喜欢的小动物在一起时的样子，或者你待在最喜欢的地方时的样子，都可以！

姓名：..........　　　　年龄：..........

这幅画里的你在做什么?

你觉得这幅画里最重要的东西是什么?

For you 更多你要做的

我的家庭成员有：……………………………………

……………………………………………………

我最喜欢的书是：……………………………………

我最喜欢的电影是：…………………………………

我最喜欢的音乐类型是：……………………………

我最喜欢的动物是：…………………………………

我最喜欢的食物是：…………………………………

我最喜欢的运动是：…………………………………

我擅长的事是：………………………………………

我希望在这件事上变得更好：..............................

我很在乎的事情是：..............................

当我长大以后，我希望：..............................

Activity 2

活动 2　发现共同的兴趣

· 你要知道 · 当孩子们发现共同的兴趣后（比如喜欢看书、骑自行车），他们会更容易成为朋友。**做你喜欢的事是认识新朋友的好方法。**新朋友还会帮助你发现新的爱好！

威廉走进了新学校的大门。学校里的楼很高，校园面积至少有他原来学校的四倍大。教室的门也很高。来来往往的孩子看起来也很高大。他觉得好像进入了一个陌生的世界。他想交朋友，但是又担心无法融入新同学中。

在午餐时间，威廉四处张望，想找一个看起来友好的孩子坐在一起。这时，班上的一个小男孩向他招手，威廉问他：“我可以跟你们一起坐吗？”小男孩回答：“好的。”这桌的孩子在谈论一部他们都看过的电影。阿曼达说这是有史以来最棒的电影。威廉深有同感，并问道：“你们有人读过原著吗？”特雷弗读过，他和威廉都很喜欢这本书，也都觉得电影更棒。伊桑说：“我们周六要去看电影，你愿意和我们一起去吗？”

威廉开心地笑了，他正在交朋友呢。

For you 你要做的

假设你有一个笔友，请你给他写一封简短的信，说说去年夏天你最喜欢的一件事。可以是你做过的事，也可以是你听说的事，或者是发生在你身边的事。最后不要忘了问问你的笔友去年夏天他过得怎么样。

For you 更多你要做的

想一想对你来说谁是重要的、亲密的人，你最欣赏他的哪一点？

....

你会用哪 4 个词形容他?

1 .... 2 ....

3 .... 4 ....

写下你们俩的共同之处（至少 2 个）。

1 .... 2 ....

3 .... 4 ....

你和他的不同之处是什么？

....

你觉得他身上有什么是你想学习的?

你身上有哪一点是可以让他学习的?

Activity 3

活动 3　去哪里发现新朋友

· 你要知道 · 发现新朋友有多种方式，共同的兴趣爱好是其中一种简单的方式，拥有一颗开放的心也很重要，你可能会发现，原以为自己不会喜欢的人，也能成为你的好朋友。

瑞恩和科迪来自不同的班级，两个人并不熟悉。他们以前从来没有交流过。瑞恩认为科迪看起来有点儿古怪，不太可能成为他的好朋友。

瑞恩每天放学后都去遛狗，他经常看到科迪也在同一时间遛狗。一天下午，瑞恩的小狗和科迪的小狗在一起玩了起来，于是两个小男孩也一起聊起了他们的小狗。周一上学的时候，学校宣布成立了体操俱乐部。俱乐部首次开会时，瑞恩和科迪都到场了。开完会，他们聊起了各自最喜欢的奥运体操运动员。渐渐地，瑞恩发现科迪真是一个很棒的人，一点儿都不古怪。

你要做的

翻翻旧杂志、旧报纸，看看哪些活动、哪些地点可能是同学们都感兴趣的。把活动或地点的照片剪下来贴在下面的画框里。

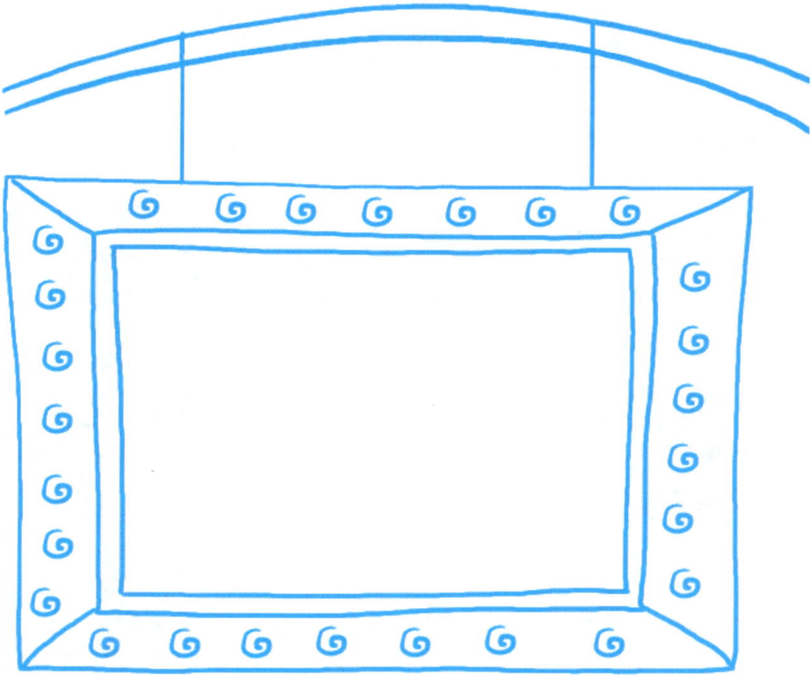

For you 更多你要做的

想一想目前对你来说最重要的两个朋友是谁，以及你是怎么遇到他们的？

……………………………………………………

你是在哪里遇到你最好的朋友的?

……………………………………………………

想一想你和别人成为好朋友的最意外的方式是什么，说说你们在做什么，你对他的第一印象是什么，以及你们是如何建立起友谊的？

……………………………………………………

……………………………………………………

Activity 4

活动 4　友好的人能交到朋友

· 你要知道 · 我们都喜欢和友好的人在一起，表现友好的人更容易让别人认识。友好的问候能让双方都感觉很好。

变得友好的一部分是表现出你很乐意并且有兴趣与其他孩子在一起，变得友好也意味着给其他人了解你的机会——你的兴趣、你的幽默感、你喜欢做的事、你的想法，互相之间更多的了解能更好地帮助你们成为朋友。

如果班上有一个新转来的孩子，他只是站在那里，盯着自己的鞋子，双手抱在胸前，这时你主动向他打招呼。想一想，你心里会有什么感受？如果他向你微笑，也向你打招呼，这时你该如何回应？

打招呼、询问别人的状态、提供帮助、进行眼神交流、营造轻松的氛围，都能让其他人感受到你是一个友好的人。其他人感受到你的友好，也就更容易放松下来，用友好的方式回应你。

For you 你要做的

简正在参加一个新的课外活动。她在这里认出了几个其他班的孩子，但是简对他们不怎么了解。这个活动没有她班上的其他同学参与。她在自己的班级里有好朋友，但她也想交一些新朋友一起度过课后时光。

下面是课外活动的 3 个场景。请你帮简想想在这些情景中，怎样才能表现得友好。

如果你是简，你会最先考虑在以上哪个情景中交朋友？为什么？

当简走近时，她应该对其他孩子说什么？

简要怎么做才能让其他人知道她想和他们做朋友？

For you

更多你要做的

什么时候你会觉得其他人是友好的？

友好的孩子会说什么或做什么？

Share 请你讲一讲曾经想和一个人做朋友的情形，以及你是如何让他了解你的想法的。

Activity 5

活动 5　留下好的第一印象

· 你要知道 · 当你认识其他孩子时，留下好的第一印象对你很有帮助。尽最大努力，不过不要担心是否留下了好的第一印象。下一次你会做得更好！

凯尔喜欢音乐。他喜欢读与音乐相关的作品，喜欢演奏，喜欢写歌。他曾经用哥哥的钢琴练习演奏。他迫切地想认识和他一样喜欢音乐的孩子。尽管凯尔很害羞，但他还是准备报名参加校园乐队。可是当凯尔到乐队活动现场时他的害羞打败了他。他不确定要跟其他孩子说什么，特别是其他孩子看起来都相互认识。他感到很孤单，很难过。

凯尔回到家，哥哥问乐队活动怎么样。凯尔说："很糟糕。没有人跟我说话。我一个人站在那儿，觉得很难受。"

"你看起来是挺难受的。"哥哥说，"你是不是去找那些看起来不想被打扰的人了？我打赌，你如果对一个人说了'你好'，或者问了某个人关于他们的乐器的事，事情就会变得简单了。"当哥哥去打篮球时，凯尔决定练习如何看起来更友善、更放松。

在下一次乐队活动时，他冲着旁边的男孩微笑，并问他在乐队多长时间了。两个男孩很快开始了热烈的交谈，并发现彼此最喜欢的乐队竟然是同一个乐队。

For you 你要做的

Share 看着镜子中的自己，练习用不同的方式跟自己打招呼。一开始你可能觉得有点儿傻，但你应该尝试一下。简单描述一下你尝试的每种方法。

……………………………………

……………………………………

在镜子前对自己皱眉头，你有什么感觉？

……………………………………

你认为哪种打招呼的方式是最好的？说说理由。

……………………………………

……………………………………

For you 更多你要做的

当你第一次遇到其他孩子时，你最看重他们身上的哪一点呢？

……………………………………

……………………………………

你的朋友或家人会怎么描述你？

……………………………………

……………………………………

其他人可能会用什么词描述你的性格？请写出 4 个。

1 ……………………　2 ……………………

3 ……………………　4 ……………………

Activity 6

活动 6　一生都受欢迎

· 你要知道 · 许多人都会经历一个短暂的受欢迎的阶段，可能是几周或一个夏天。刻薄、对他人的排挤会让友谊无法长久，会让你无法一直受人欢迎。真正的受欢迎会让你的友谊持续多年，这种友谊来自你能使他人对自己感觉很好。

诺拉总是能得到她想要的东西，没人可以阻挡。她似乎有很多朋友，但是这些孩子和她相处时感觉并不好。他们只是在诺拉对他们友好、对别人刻薄时才感到轻松。诺拉周围的人都很紧张，总是试图得到诺拉的青睐，希望不会成为她讽刺的对象。如果一个孩子得到了诺拉的青睐，诺拉就会对他特别好，这个孩子就会觉得自己很特别。但这通常维持不了一周，诺拉就有了新的青睐对象了。

贾里德是这个学校的新生，他向诺拉笑着问好，但是诺拉只看了他一眼便转身走了。到学期期末时，贾里德和其他孩子创立了一个乐队，并在学校的才艺大赛中获胜。他还成功竞选为班长。他对每个人都很友好。

诺拉开始跟其他孩子说贾里德的坏话，但这并没有用。贾里德努力与别人做朋友，而且他们成为了一生的朋友。

For you 你要做的

帮助诺拉走出“刻薄岛”，到达“人气岛”。

For you

更多你要做的

想一想你认识的 3 个真正受欢迎的孩子。

他们受欢迎的原因是什么？

……………………………………

……………………………………

他们有什么共同之处？

……………………………………

……………………………………

他们和其他人有哪些不同之处？

……………………………………

……………………………………

Activity 7

活动 7　你的社交圈

· 你要知道 · 你的社交圈由你认识的人组成，包括亲密的朋友、熟悉的人、朋友的朋友。你现在认识的人越多，今后认识的人也会越多。

接触新朋友可能会让你有些害怕，甚至成年人有时面对新朋友时也会紧张，这是正常的。

你遇到的每个人都有自己的特别之处。他们可能和你很像、有一点点像，或和你非常不一样，但是每个人对你而言都是一个可以去了解的全新的世界。

For you 你要做的

在下面圆圈中写下你的名字，然后在社交网络中写下对你重要的 6 个孩子的名字。在每个名字下方写下他让你刮目相看、大开眼界的一种才能、强项或品质。

名字：...............

♡ ....

名字：...............

♡ ....

名字：...............

♡ ....

名字：...............

♡ ....

名字：...............

♡ ....

名字：...............

♡ ....

For you 更多你要做的

你的社交圈中的孩子有哪些与众不同的才华?

…………………………………………

…………………………………………

说说曾经有人因为知道你有能力帮他解决问题，而向你寻求帮助的情况。

…………………………………………

…………………………………………

说说你曾向社交圈中的朋友寻求帮助的情况。

…………………………………………

…………………………………………

Activity 8

活动 8　接触新朋友

· 你要知道 · 开始一段友谊的一个好方法是邀请别人一起玩——你们可以一起运动、看电影、合作完成任务。你可能会担心别人有其他的计划，或认为你的计划不好玩。不用担心，大胆试试！你会让别人感受到你想和他交朋友。

摩根搬到了一个新社区。她在周末仍然能看到她的老朋友，和他们一起玩。但是在新学校里，她总是很孤单，感觉自己好像不属于这里。摩根的姐姐告诉她：“如果你不开口，别人怎么会知道你想和他们成为朋友呢？”

摩根想和玛利亚做朋友。玛利亚是学校篮球队的队员，她看上去很和善也很乐于助人。摩根记得自己第一次来学校时玛利亚还友好地和她打招呼。

摩根家旁边有一个篮球场。一次体育课下课后，她想起了姐姐说过的话，于是走向了玛利亚。她微笑着说：“你投篮很棒！”

“噢！谢谢你！”玛利亚也向她微笑。

“我生日的时候得到了一个新篮球，”摩根说，“这个周六你愿意来我家这边吗？我们可以一起投篮。”

For You 你要做的

下面是玛利亚可能有的回应，请在横线上写下摩根可能说的话。

1. 如果玛利亚说：“周六下午不错！我很乐意！”

摩根可能说：

“ ”

2. 如果玛利亚说：“周六我得去阿姨家，所以没办法和你一起玩。”

摩根可能说：

“ ”

3. 如果玛利亚说：“周六上午我已经安排篮球训练了。不过还是谢谢你的邀请。”

摩根可能说：

“ ”

参考答案：

1. 太好了，谢谢你愿意和我一起玩，好期待周六下午的投篮。

2. 真是太遗憾了，不过没关系，我们可以再约其他的时间吗？

3. 不客气，我可以申请加入篮球队吗，或者你们周六训练的时候我可以去观看吗，如果不方便的话，也没关系，我们可以再约其他的时间一起投篮。

For you 更多你要做的

说说某次别人想和你交朋友的情况。

....

....

....

你是如何回应的?

....

....

....

说说某次你邀请一个新朋友和你一起做事的情况。

他对你的邀请是如何回应的？

2

CHAPTER 2

了解社交规则

你是否认为规则是必要的？很多孩子不喜欢规则，但规则在与人交往的过程中是非常重要的。

想象一下没有规则约束的餐桌会是什么样子。人们会随意抓取食物，直接用手拿饭，打嗝，或者做其他粗俗的事。

想象一下没有交通规则的生活会是什么样子。司机将随心所欲地飙车，没人知道在路口应该怎么办，路口将发生很多交通事故。

想象一下没有社交规则的生活会是什么样子。人们不会说“请”或“谢谢”，甚至不会说“你好”或“再见”。每个人都只做自己想做的事。

这一部分将告诉你与其他孩子相处的一些社交规则。你遵守的社交规则越多，你也就越容易交到好朋友并维持友谊。

Activity 9

活动 9　做一个“社交侦探”

· 你要知道 · 在观察其他孩子的过程中，你能懂得什么行为会让别人更愿意与你交朋友，也能懂得什么行为会让别人对你敬而远之。

做一个“社交侦探”并不意味着你要躲在一个角落里，远远地监视一群人。“社交侦探”的意思是，你要像侦探一样注意人们在不同情况下的行为，也包括自身行为对他人的影响。比如，如果超市的收银员脾气暴躁，那接下来会发生什么事？如果一个孩子一次次地拒绝与别人分享，结果会怎样？如果一个人总是友好地帮助别人，那结果又将怎样？

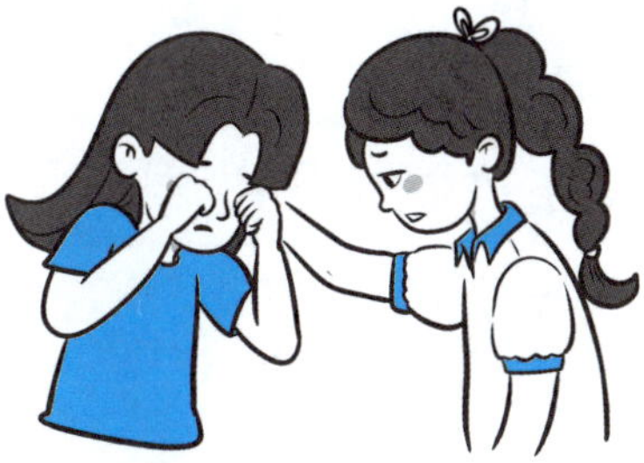

For you 你要做的

当一天“侦探”吧，看看人们的行为带来了什么样的结果。你可以在学校、家里、商店、图书馆等很多地方进行观察。写下你观察到的事（第一行是一个例子）。

谁	他做了什么	接下来发生了什么
一个男孩在校车上	他对一个新生微笑	两个孩子开始一起聊天

For you 更多你要做的

Share 说一说某一次你做的事（或说的话）如何改变了当时的情境。

……………………………………

……………………………………

……………………………………

……………………………………

什么样的行为在与他人交谈时是最有用的?

……………………………………

……………………………………

……………………………………

什么样的行为在与他人交谈时是最没用的？

Activity 10

活动 10　成为团体的一部分

· 你要知道 · 当孩子们努力形成一个团体时，第一步是发现他们之间的共同点。

团体中的人通常彼此关心，并愿意待在一起，他们甚至会一起待很长时间。一个团体得以维系的最常见原因是他们彼此存在相同之处。这个相同之处可能很特别，比如团体成员都是当地的爱狗人士；这个相同之处也可能很简单，比如在同一家学校当老师；这个相同之处也可能特别宽泛，比如都喜欢同样的笑话。

For you 你要做的

下面是 3 个花园。埃里克已经种好他自己的了，剩下 2 个花园还没有种好。看看埃里克花园里的标签，这些标签上写的是埃里克的兴趣爱好。在标为“我的家人”的花园里，种下你和家人的相同之处。在标为“我的朋友”的花园里，种下你和朋友们相同的天赋、兴趣或技能。

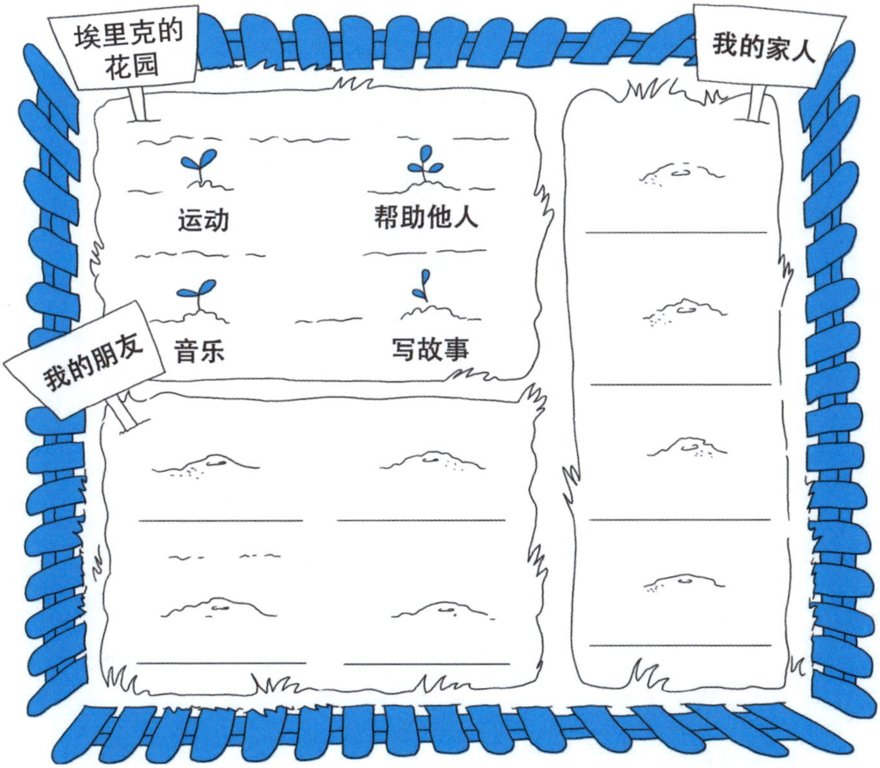

For you

更多你要做的

为什么朋友间有共同的兴趣很重要？

在你写下的原因里，哪一个最重要？

Activity 11

活动 11　说合适的话

· 你要知道 · 有些话能给人带来好的感受，有些话会让人感到难受。你表达自己的方式决定了别人是否愿意与你交朋友。

杰克喜欢与他最好的朋友肖恩和里德在一起，有了他俩的陪伴，每件事都会变得更有趣。一个周六的早上，杰克想与好朋友们一起骑车去公园玩滑板。他戴上头盔，把滑板绑在自行车上，出发去肖恩家。他按响门铃，肖恩开了门，他看到肖恩的头上敷着一个冰袋。

“你想去玩滑板吗？”杰克微笑着问道，“我们骑车出发吧！”

“不，现在不行。”肖恩看起来很难受。

“好吧，”杰克说，“那就以后再说吧。”他骑车离开，打算去里德家。杰克到达里德家时，门正开着，他便直接进了屋。他看到里德和里德的弟弟还穿着睡衣，正一起吃早餐。

“你想去玩滑板吗？”杰克问道。

“现在不行，”里德说，“我们正在吃……”，还没等里德说完杰克就打断他：“好吧，那下次吧。”

那天下午，杰克自己骑车去了广场，他很惊讶地看到肖恩和里德正在一起玩！他走上前去问：“喂，我还以为你们都很忙，我上午找你们的时候，你们都不想和我一起玩。”

“我想和你一起玩，”肖恩说，“但我之前摔倒受伤了。你不是也看到我头上的冰袋了吗？你都没问我发生了什么。”

“我也想和你玩，”里德说，“你看到我正在吃早餐，我本想请你等我一会儿，没想到你就走了。”

“对不起，朋友们。”杰克做了个深呼吸，说道，“现在我们可以一起玩吗？”这是杰克今天说的最棒的一句话了。

For you 你要做的

乔恩（男孩）一直在努力讲合适的话，请你写出在下图的情景中乔恩该说的话。

“

……………………………

……………………………

……………………………

……………………………”

“

……………………………………

”

……………………………………

“

……………………………………

”

……………………………………

“

……………………………………

”

……………………………………

For you

更 多 你 要 做 的

Share 你能说出一次你很难找到合适的话来表达自己的经历吗?

什么原因让你很难找到合适的话表达自己?

Share 你能说出一次你很清楚该说什么的经历吗?

....

....

....

....

为什么这一次你很容易就知道该说什么呢?

....

....

....

Activity 12

活动 12　理解身体语言

· 你要知道 · 说话不是我们交流的唯一方式，我们的身体也有自己的语言。比起说话，身体语言能表达很多（甚至更多）情感。有时我们的身体传递出和我们讲的话一样的意思，有时它能传递出不一样的意思。

当你与别人聊天时，有时候可能会觉得："她说她很开心，但她看起来并不开心。"当别人告诉你他正在听你讲话，实际上却一直左顾右盼时，你心里可能会有一种受伤的感觉。

注意你的身体语言和注意你说出的话一样重要。想象一下，当你准备为你所做的事情道歉时，如果你皱着眉、双臂交叉、咬着牙说"对不起！"，别人可能不会认为你是认真地在道歉。

人人都是天生的"社交侦探"，我们很容易就能读懂其他人的身体语言。真正的侦探甚至能通过身体语言判断一个人是否在说谎，比如，一个人在说一件事时，如果频繁眨眼，或不敢与人进行眼神交流，就说明他很紧张，那么他很有可能就是在撒谎。

For you 你要做的

你是一个使用身体语言的小能手吗？观察下面的图片，请在横线上写下图中孩子的感受。

For you 更多你要做的

什么样的身体语言能告诉他人你很疲惫?

....

什么样的身体语言能告诉他人你对他感兴趣?

....

什么样的身体语言能告诉他人你很害怕?

....

什么样的身体语言能告诉他人你很放松?

....

Activity 13

活动 13　有礼貌

· 你要知道 · 有礼貌能让别人感到你很在意他。当你礼貌地对待别人时，别人也同样会礼貌地对待你。

NewBot3000是一款很棒的机器人。它可以举起比自己身型大10倍的东西，跑得像火车一样快，它还可以在短短几分钟内解决数百个数学问题。生活中，它的主要任务是帮助人类。

但是NewBot3000存在一个问题，它没有被输入礼貌的程序，所以经常会造成麻烦。即使是有需要的人也不想接受这个粗鲁的机器人的帮助。

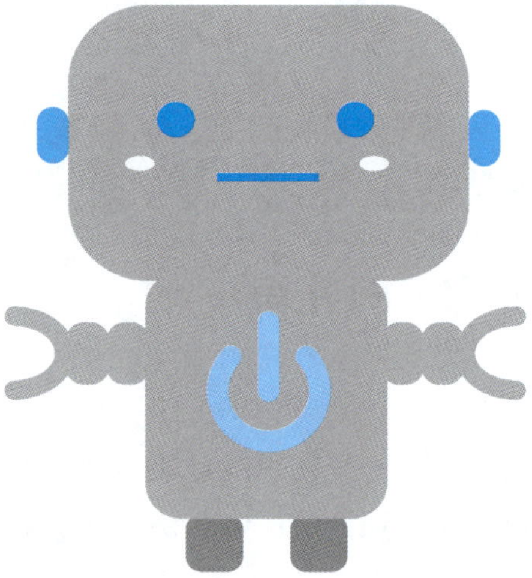

For you 你要做的

请在下面的横线上写出 NewBot3000 可以做的 5 件有礼貌的事。

1. ______

2. ______

3. ______

4. ______

5. ______

For you

更多你要做的

为什么有礼貌很重要？

想一想你认识的有礼貌的人，他做的哪 3 件事你觉得是有礼貌的？

1.

2.

3.

礼貌能为其他人带来什么？

Activity 14

活动 14　电话礼仪

· 你要知道 · 打电话、接电话的时候有一些特殊的社交礼仪需要注意。

打电话时你看不到电话那头的人，你们无法解读彼此的身体语言，无法通过眼神或微笑进行友好的交流，但是你可以遵守下面这些简单的规则进行友好交流。

1 用友好的声音。 2 仔细地听。

3 不要打断别人，等待说话的时机。

For you 你要做的

若阿金和珍娜是住在隔壁的邻居。夏天，他们喜欢用 2 个杯子和 1 根线做 1 个老式电话。一天下午，若阿金在对话的时候走神了，珍娜感到很难过。请重新写下若阿金的回答。

珍娜：“你好。”

若阿金：“你好。”

珍娜：“你怎么样？”

若阿金：“我挺好的。今天有点儿热。”

珍娜：“是啊，今天太热了。你准备去做什么？”

若阿金：我不知道。可能和我哥哥去游泳，也可能去图书馆。

珍娜：我今天可能就待在家里了。

若阿金：听起来不错。

珍娜：是的。我不太想出去。

若阿金：（沉默）

珍娜：你在听吗？

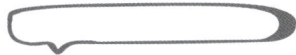

若阿金：对不起，我刚才走神了。

珍娜：你可是我唯一可以说话的人。

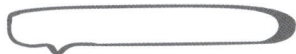

若阿金：太棒了！喂，我哥哥到我家了，我该走啦。

珍娜：好吧。

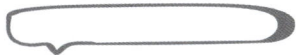

若阿金：再见。

更多你要做的

1. 接电话的时候你会说什么？

2. 当你打电话到朋友家里时，如果是他的爸爸或妈妈接的电话，你会说什么？

3. 你在挂电话之前会怎么说？

参考答案：

1. 您好，我是 XX，请问您找哪位？（请问您有什么事吗）

2. 叔叔 / 阿姨好，我是小明（朋友名字）的朋友 XX，我想找下小明，可以麻烦叔叔 / 阿姨帮我把电话转给他吗？

3. 小明，和你聊天非常愉快，期待下次见面，再见。

Activity 15

活动 15　发电子邮件的礼仪

· 你要知道 · 电子邮件是与朋友交流的便捷方式，在写电子邮件时也要注意礼貌。

如果你要用电子邮件与人交流，你需要注意的地方很多。你要特别注意电子邮件的开头与结尾，你和对方的关系将影响你落款前是写“此致敬礼”还是“希望尽快见到你”。在发送邮件之前，请认真读一遍你写的邮件，如果发现有些地方可能引起对方的误解，你就修改一下。

For you 你要做的

请给你欣赏的人写一封电子邮件。这个人可以是你的家人、朋友、老师，也可以是不认识你的人，如一名作家、音乐家或科学家等。

参考答案：

收件人：

邮件主题：

邮件正文：

尊敬/亲爱/敬爱的：

您好！

……（邮件主体内容）……

祝福语

落款姓名

日期

For you 更多你要做的

电子邮件与当面交流、打电话分别有哪些不同?

电子邮件与当面交流、打电话有什么共同之处?

你觉得与人面对面交流容易，还是用电子邮件交流容易？为什么?

Activity 16

活动 16　准备一场聚会

· 你要知道 · 聚会是让你和朋友们聚到一起的有趣方式。提前做好计划，能让你和朋友们度过一段美好的时光。

汉娜想自己安排她的生日聚会。她的父母认为这是一个好主意，便让汉娜想想应该为聚会做哪些准备。汉娜请她的朋友丹尼尔帮助她做计划，他们一起想出了一些主意。

生日聚会计划

- √ 询问父母可以邀请几个朋友来。
- √ 写1份邀请名单。
- √ 至少提前2周送出聚会邀请函。
- √ 为聚会准备至少3项活动。
- √ 准备大多数孩子都喜欢的食物，同时也提供其他可选择的食物。

汉娜的父母告诉她，还要准备一件事：你自己要在聚会上玩得开心！

For you 你要做的

把下面的每个小点想象成聚会上的朋友。按数字顺序连接各个小点，把它们连在一起。

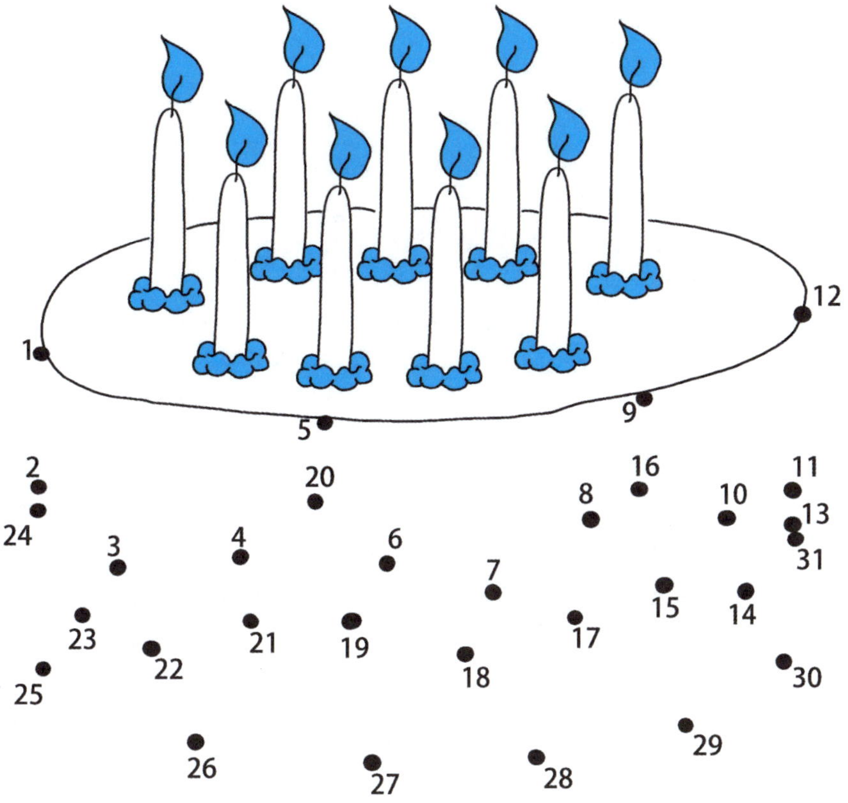

For you 更多你要做的

在聚会上你如何把朋友们聚到一起?

…………………………………………

…………………………………………

为什么在自己举办的聚会上玩得开心是很重要的呢?

…………………………………………

…………………………………………

回想你参加过的最好玩的聚会，想一想它为什么好玩?

…………………………………………

…………………………………………

3

CHAPTER 3

友谊中的付出与收获

两个人要成为好朋友需要付出一些努力，而努力的过程是很有趣的。好朋友之间每天都在相互学习，有时候你会从他身上发现你自己需要改变的地方。本部分的活动就将帮助你思考自己身上或朋友身上需要改变的地方。

交朋友有时候就像玩跷跷板。当一个人升起，另一个人就下降，两个人不断地进行切换。如果你不关注对面和你玩的那个人，不在适当的时候用力，跷跷板就无法玩起来。一个人玩跷跷板会是什么样呢？没有别人的合作，你是玩不了多久的。

Activity 17

活动 17　分享

· 你要知道 · 分享对交朋友来说是很重要的一件事情。让别人知道你在意他，是维持友谊的好方法。

所有的社交群体，从朋友圈到整个社会，都需要分享。孩子们分享书籍和玩具，分享彼此的想法和信息。他们在互相帮助的时候分享困难，他们还可以彼此分享朋友。

分享有很多不同的方式，而每一种分享的方式都可以帮助你建立友谊。分享并不总是那么容易做到的，常常问自己以下问题能帮助你做得更好：

“我愿意和一个爱分享的人交朋友，还是愿意和一个自私的人交朋友？”

For you 你要做的

请在下方左侧的横线上写出 6 件你很在意的东西。按你是否愿意分享的顺序，用 1~6 为这 6 件东西标上序号，标为“1”的是你最愿意分享的东西，标为“6”的是你最不愿意分享的东西。

分别在下方右侧的横线上写出每件东西你愿意分享的对象。你可以多次写同一个人的名字。

1. ....
2. ....
3. ....
4. ....
5. ....
6. ....

For you 更多你要做的

你最喜欢和什么样的人分享?

……………………………………………………

……………………………………………………

……………………………………………………

你有没有很难与别人分享的东西?为什么会这么难分享?

……………………………………………………

……………………………………………………

……………………………………………………

当别人与你分享时，你有什么感受?

当你与别人分享时，你有什么感受?

Activity 18

活动 18　轻流

· 你要知道 · 当你非常迫切地想做一件事时，耐心等待轮到你是很艰难的，但是等待很重要，因为等待能够避免混乱。轮流的规则会使大家都玩得开心，让大家都能更顺利地做事情。

本和凯文在艾哈迈德的家里，一起计划下午该做什么。

艾哈迈德说："我想我们应该……"

本大声说："我知道！我们可以……"

同时，凯文说："我有一个好主意。让我们……"他的声音最大。

每个男孩都有自己的想法，每个人都想第一个说，而没有一个人愿意给他人发表意见的机会。他们的声音太大了，最后艾哈迈德说：

"等一下！我们应该好好玩，而不是大喊大叫。让我们轮流说吧，然后一起决定我们要做什么。"

你要做的

请你帮助艾哈迈德、本和凯文轮流表达他们的想法。下面每组打乱的拼音都是一个好玩的活动，请你将它们拼出来。答案就在本页底部。

idàn ǐnyg ……………… ōggn uyán ………………

úz qúi ……………… ób ùw ungǎ ………………

uōhz óyu ……………… hácng ǎpo ………………

参考答案：

diàn yǐng（电影）；gōng yuán（公园）；zú qiú（足球）；bó wù guǎn（博物馆）；zhuō yóu（桌游）；cháng pǎo（长跑）

For you 更多你要做的

请你列出其他 4 件需要人们轮流去做的事。

1 ……………………………………

2 ……………………………………

3 ……………………………………

4 ……………………………………

选择上面的一件事，说说如果有人不愿意等待，会发生什么？

……………………………………

请你说说，如果有人插队或不愿意等待，你会有什么感受？

……………………………………

Activity 19

活动 19　倾听

·你要知道· 认真倾听能让别人知道你很在意他。当你仔细听别人说话时，别人也会仔细听你说话。

彼此之间的认真倾听是轮流的另一种方式。很多孩子在别人没有认真听自己说话时都能立马感觉到。

你如何感受到别人在认真听你说话呢？认真听你说话的人通常会与你进行眼神交流，且看上去对你说的内容很感兴趣。他可以针对你说的话提出一些问题。当你说完后，他会记得你说过的内容。

For you 你要做的

优秀的提问者同样也是优秀的倾听者。他们仔细倾听，才能提出好问题，记住对方的发言内容。找你的朋友或家人，请他们谈谈自己，包括他们最近过得怎么样、做了些什么事，以及其他任何他们想说的内容。注意倾听对方说的内容，但不要记笔记。认真地倾听，提出一个好问题，让你们更好地交流下去。

分别倾听 4 个人说话，然后在下两页填上倾听对象的名字，写下你从他们的话里听到了些什么。

我从…………身上知道了

我从…………身上知道了

我从…………身上知道了

我从________身上知道了

○	

For you 更多你要做的

如果别人很认真地听你说话，你会有什么感受？

....

如果别人在你说话的时候漫不经心，你会有什么感受？

....

你认为记住对方说话的内容是一件困难的事吗？

以后应该怎么做才能成为一个更好的倾听者？

Activity 20

活动 20　给予赞美

·你要知道· 给予别人真诚的赞美能让别人感觉良好，也会让你自己感觉很棒。

你说的话会对别人产生很大的影响。当一个人很好地完成了一项工作，或很努力地做一件事时，如果你真诚地称赞他，他一整天都会很开心。

有时候，赞美别人可能很难。想象一下，如果你有一个怕羞的朋友想尝试校园戏剧，他希望获得你的鼓励，虽然你不认为他会成为一个好演员，但你仍然可以赞美他，比如你可以赞美他尝试新事物的勇气。

For you 你要做的

请为下面的几个情景分别写一句你能给予的真诚的赞美。

你的朋友剪了一个漂亮的发型。

“ ……………………………………………… ”

你的姐姐在科学竞赛上获得了一等奖。

“ ……………………………………………… ”

- 你的妈妈为你的生日准备了一桌美食。你知道她为此花了不少的心思，但其实你并不喜欢这些食物。

“

”

- 你的一位同学想参加学校的诗歌比赛，但他以前从来没有写过诗，因此很担心别人会怎么评价自己的诗。

“

”

- 你的家人正在尝试通过锻炼减肥，但仅过了一周就失去了信心。

“

”

For you 更多你要做的

Share 请你回想一次别人赞美你、让你感到很棒的经历。想想为什么你对这个赞美印象深刻?

你为什么觉得这个赞美是真诚的?

Activity 21

活动 21　做一个好的领导者

· 你要知道 · 当团队需要一个领导者，或者你因为团队成员做的事情而感到不舒服的时候，就是你站出来当领导者的时候。

一个好的领导者是很有责任感的，这可能很难做到。你必须知道前进的目标，相信自己有能力领导他人。好的领导者在做决定之前会仔细倾听他人的意见。

你可能会发现团体中的许多人都有自己的想法，如果你要提出一个不同的想法，就得说服他们。

更多你要做的

下面 8 个词语描述的是一个好的领导者应具备的品质。你可以在下一页汉字方阵中找到它们吗？

与	舒	明	智	朗	适	领	导	者	自
心	自	人	帮	信	相	众	友	心	信
慷	健	好	善	于	细	人	慨	实	果
断	细	果	自	诚	明	心	慧	贴	仔
友	方	断	乐	善	慷	慨	良	好	教
贴	自	开	向	然	于	是	体	诚	在
乐	快	健	趣	乐	信	明	慧	实	切
体	贴	新	于	人	于	慷	良	朗	果
实	人	断	谦	帮	信	助	智	慨	善
慨	细	于	心	果	明	体	人	贴	康

For you 更多你要做的

写下你钦佩的 3 位领导者的名字，可以是公众人物，例如社会活动家，也可以是你的家人或朋友。

1. ....
2. ....
3. ....

写下这些人展示出上一页词语搜索活动中出现的领导者品质的情形（写出 1~2 种情形即可）。

....

....

Idea 你认为一个好的领导者最重要的品质是什么？为什么？

....

Activity 22

活动 22　知道什么时候服从

· 你要知道 · 在不同的情况下，我们每个人都可能是服从者，也可能是领导者。我们要知道何时成为服从者，以及成为谁的服从者。

大卫、凯西、丽萨、翰和他们的家人在一起进行夏日野营旅行。当他们的父母在营地休息时，他们决定去附近的树林里转转。

他们高兴地闲逛着，来到了一个十字路口前。这时，他们意识到自己不记得从哪条路出发，也不知道该从哪条路回到营地。他们几个人意见不一，大卫认为该走蓝色标记的路，凯西建议走橙色标记的路，丽萨则选择走黄色标记的路。

翰在旁边静静地听着。最后，他说道："我敢肯定是这条白色标记的路。我记得这白色的标记，看起来像树枝上的雪，就好像是冬季在这里露营一样。"大卫、凯西和丽萨都认为翰的解释有道理，他们也知道翰的决定往往是经过深思熟虑的，所以他们停止了争论，一起沿着白色标记的路走，最终安全地回到了营地。

For you 你要做的

阅读下面的情景，请在适合服从集体计划的情况前打√，在最好不要服从集体计划的情况前打 ×。

□ 1. 放学后，你的朋友在公园里组织了一场足球比赛。你平时总是当守门员，这也是你最喜欢的位置，但这一次，你的朋友坚持要当守门员，让你当前锋。

□ 2. 一群女孩子告诉你，她们正在给班里的新同学发整蛊邮件，希望你加入她们。

□ 3. 你的同学创办了乐队，希望你能担任鼓手的位置。你喜欢乐队里的所有成员，也想和他们一起玩，但是你不喜欢他们乐队的音乐类型。

□ 4. 学校里的一些同学在组织一个数学学习小组，邀请你加入。虽然这对你学好数学有所帮助，但你担心其他同学会嘲笑你。

□ 5. 你和一群孩子在朋友家里玩，每个人都玩得很开心。你的朋友突然提议去捉弄他的弟弟，其他孩子也纷纷响应。

参考答案：

1.√

2.×

3.√

4.√

5.×

For you

更多你要做的

你什么时候觉得服从别人是一件很轻松的事?

为什么有时候服从别人是一件困难、复杂的事?

请你说出一次服从集体决定的经历，当时发生了什么?

Activity 23

活动 23　随遇而安

· 你要知道 · 随遇而安是一个能发现更多乐趣的好办法。你要记住，小事总会过去，大局才是重要的。学会做到随遇而安，能让你感到更开心，即使你正因与朋友吵架、发生令你失望的事或犯了错误而感到心烦意乱。

每个人都可能因为一个令人振奋的计划无法实施而感到失望，这时，你要及时摆脱失望，寻找新的乐趣。

假设你计划周六去公园和朋友们一起踢足球，可到了周六，天空乌云滚滚，雷声阵阵，你的心情也因此变得越来越差。当开始下雨时，你还可能心烦意乱，想发脾气。这是可以理解的，但你要随遇而安，快速转换心情，你还有周六一整天的时间可以做其他喜欢做的事。

For you 你要做的

下图中的孩子因为计划被改变而感到失落，你可以帮助他们更乐观地看待事情吗？

“李说他今天会和我一起画画，但现在他在帮助别人！”

你的建议：……………………

……………………………

“妈妈答应我今天下午带我去书店，现在她却说没有时间。”

你的建议：........................

....

“我希望珍能一直陪着我。没有她在，我没什么事可做。”

你的建议：........................

....

For you

更多你要做的

Share 请你谈谈你在雨天做过的一件好玩的事。

....

....

....

Share 你是否遇到过原本不想做某件事，最后却发现那件事很好玩的情况？说说当时发生了什么？

....

....

....

Activity 24

活动 24　灵活对待

· 你要知道 · 人们有时需要改变计划。你可能会失望，但有时计划的改变可能会带来更好的结果。

今天是暑假的第一天，哈利玛迫不及待地想去游泳。她很兴奋又能游泳了，但更让她兴奋的是能与她最好的朋友卡洛斯和伊丽莎白度过一天。

这原本是完美的一天，但是出现了一些问题。一开始，哈利玛的妈妈说她们得在屋子里等快递。哈利玛转了转眼睛，跺脚说道：“但我不想等！卡洛斯和伊丽莎白已经到游泳池了。”哈利玛的妈妈告诉她，只有她表现好才可以去游泳。哈利玛便努力地好好表现。她告诉自己，只是多等一会儿，她很快就可以去游泳了。

收完快递后，哈利玛和她的妈妈来到游泳池。她们发现，游泳池的入口处立了一个大牌子，上面写着：正在修理，暂停开放。哈利玛觉得自己的运气糟透了，一整天都被毁了，很可能整个暑假也要被毁了！

她的妈妈说：“我相信几周后游泳池就会重新开放的。你现在可以打电话给卡洛斯和伊丽莎白，看看她们在做什么。”哈利玛想了想，采纳了妈妈的建议，于是决定打电话给卡洛斯和伊丽莎白，问问她们今天是否可以一起玩。她们在一起的时候总是能玩得很开心，不管有没有游泳池。有了一个新的计划，哈利玛的心情平静多了。

For you 你要做的

除了游泳以外，哈利玛、卡洛斯和伊丽莎白还可以玩什么呢？请你画出来。

For you 更多你要做的

Share 当你很期待的计划在最后一刻被改变时，你会有什么感受?

…………………………………………………………

…………………………………………………………

Share 适应一个新的计划对你来说是容易的事还是困难的事？为什么?

…………………………………………………………

…………………………………………………………

…………………………………………………………

Share 请你谈谈你曾经适应一个新计划的例子，当时发生了什么？

Activity 25

活动 25　温和地说话

· 你要知道 · 你对其他人说的话会对他们有很大的影响，所以你要学会温和地说话。甚至有时候，一言不发也会是一个不错的主意。

你说出的不友好的话或批评的话可能会影响别人很长一段时间。即使他们对你说的话没有立刻做出反应，这些话也可能继续伤害他们。如果你对某个人做事的方式感到不满，你在表达自己的想法之前要多加思考：你如何谈论这个问题才不会伤害他们？你的批评是否公正？改变这个问题是不是为他们好？这是不是他们自己无法完成的事？

For you 你要做的

阅读下面的情景，想一想他们应该怎样亲切友好地说话。如果有些情况你认为最好不要说话，请说出你的理由。

1. 自从乔治的哥哥落选篮球队以来，他的情绪一直很低落。他常常整个下午都躺着看电视、吃垃圾食品，或睡觉。乔治明白他的哥哥为什么伤心，但是距离落选已经 1 个月了。现在的哥哥身形走样，脾气暴，也拒绝做任何有趣的事情。

乔治会对他哥哥说什么？

……………………………………

……………………………………

2. 迈克尔总是很期待妈妈下班回家。他会帮助妈妈准备晚餐，妈妈会陪他做家庭作业。他们有时会一起打包第二天的午餐，或在迈克尔睡觉前一起玩棋盘游戏。每个周三和周五，他的妈妈会值晚班。当妈妈晚上回到家时，她通常很累、很烦躁，不想做任何事情，在迈克尔说学校一天里发生的事时，她会有些分心。看到妈妈这样，迈克尔心里有些难过。

迈克尔会对他的妈妈说什么？

……………………………………

……………………………………

3. 萨拉和瓦妮莎从一年级起就是好朋友，她们无论上学还是周末都在一起。她们喜欢同样的音乐、同样的书，而且喜欢穿相似风格的衣服。她们在学校都很受欢迎，经常一起参加体育活动，喜欢和别人一起玩。有一天，萨拉宣布自己放弃了篮球，要加入学校的诗歌俱乐部。瓦妮莎感到很沮丧。她们一直一起做事情，可突然之间，萨拉开始向新的方向发展。瓦妮莎想，萨拉难道没有意识到，如果她离开篮球队，和诗歌俱乐部的同学一起玩，她们的生活会发生改变吗？

瓦妮莎会对萨拉说什么？

……………………………………

……………………………………

参考答案：

1. 不要说话，在哥哥身边默默陪伴，如果哥哥有什么需求及时给予，让哥哥感受到自己没有被嫌弃、被拒绝，仍然有人在爱着自己，关心自己。

2. 妈妈，您看起来很累很累。您想喝点什么？或者吃点东西吗？我已经吃过晚餐，写完作业了。虽然我很想跟您分享今天我在学校发生的事情，但您看起来太累了。看到您工作如此辛苦，我很心疼。

3. 萨拉，我们成为好朋友这么多年，我们喜欢着同样的东西，也一起做了很多的事情，和你成为好朋友我真的特别开心，特别幸福。你最近说要放弃篮球，加入诗歌俱乐部，我很好奇是什么原因让你做了这样的决定？

更多你要做的

Share 请你回想一次曾经被别人批评的经历，说说当时发生了什么？

……………………………………………………

……………………………………………………

你当时有怎样的感受？

……………………………………………………

……………………………………………………

你当时对批评你的人有怎样的感觉？

……………………………………………………

……………………………………………………

Activity 26

活动 26　保持冷静

· 你要知道 · 每个人都可能会生气，但你可以学会管理这种情绪。当你保持冷静时，你可能会更好地应对让你感到生气的事。

埃迪总是时不时地发脾气，人们叫他“埃迪火山”。如果想和周围的人在一起，即使是火山，也要学会控制情绪。埃迪的弟弟刚刚不小心打碎了埃迪最喜欢的 CD，埃迪感觉到自己正在变得越来越愤怒。

For you 你要做的

请在火山的底部涂上火红的颜色。在旁边对应的横线上写下你最愤怒时的感受。接着在上面一层涂上稍浅的颜色，比如浅橙色。在旁边对应的横线上写下你给埃迪的第一个小建议：可以让他平静下来的事。火山的上面几层也按这个方法做。在每条横线上你都给埃迪想出帮助他平静下来的方法。越往上，你涂的火山的颜色也要越冷。

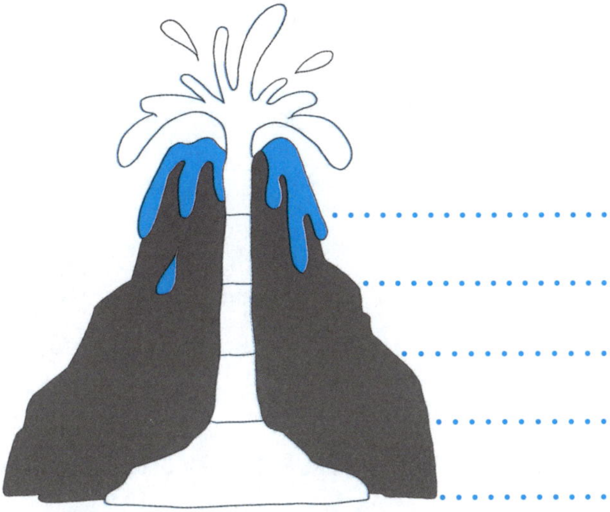

更多你要做的

1.当你发脾气的时候，你自己是怎么觉察到的？

……………………………………………

2.当你发脾气的时候，你的声音会发生怎样的变化？

……………………………………………

3.当你发脾气的时候，你该怎么控制你的身体？

……………………………………………

4.除了你给埃迪的建议之外，你还能想到哪些帮助自己冷静下来的方法？

……………………………………………

参考答案：

1.体温升高，稍微出汗，头脑因为缺气稍微晕眩，呼吸频率加快，做出一系列不适行为，包括摔门，摔东西，指责他人等。

2.音调变高，中气十足。

3.深呼吸三次，恢复正常的呼吸和心跳频率。

4.四问法：问自己现在的生理和心理感受，问自己正在干什么，问自己因为什么发生了这样的变化，问自己要怎么正确面对这件事。

Activity 27

活动 27　释放你的情绪

· 你要知道 · 当你假装事情没有影响你时，其实它们在以另一种方式存在于你的脑海，而且对你的影响会越来越大。说出你的感受能让你更舒服，也能让你的朋友更理解你。

艾米莉无意中听到她最好的朋友布鲁克对其他女孩说艾米莉被宠坏了，对此艾米莉很生气。艾米莉问妈妈："为什么布鲁克对别人说我被宠坏了？我哪里像个被宠坏的孩子！我猜布鲁克只是嫉妒我的新衣服。"

妈妈说："我也不知道。你为什么不问问她，为什么她认为你被宠坏了呢？"

"我才不干呢！"艾米莉说，"她会觉得我在监视她。"

"你不是在监视她，"艾米莉的妈妈说，"你只是不小心听到了她的话，你不是有意的。但是你听到她的话的时候感到很生气、很受伤。如果你不把你的感受告诉她，会发生什么呢？"

艾米莉想了想，说："我猜她不会知道我很伤心的。我会一直很生气，我们可能就不再是朋友了。"

"这是你希望发生的吗？"艾米莉的妈妈问她。

"当然不是，"艾米莉一边说，一边拿起了电话。她准备问问布鲁克。

For you 你要做的

请在下面的罐子里写下你曾经不愿向别人表达的感受。

现在把罐子里列出的感受拿出来。请在罐子外的横线上，写下你该如何以及对谁表达你的感受。

For you 更多你要做的

为什么有时你会把感受藏在心里?

....

....

Share 你是否有过很生气但觉得最好不要告诉别人的经历？当时发生了什么?

....

....

....

Share 当你把情绪憋在心里时，你的身体会有一些反应。你可能会头痛、胃痛、睡不好。你有过这些经历吗？说说发生了什么。

Activity 28

活动 28　如果你被拒绝

· 你要知道 · 被拒绝可能会让你感到难受，但你可以挺过来并恢复到感觉良好的状态。

被拒绝是每个人生活中都很常见的一件事，大人们也会遇到。你可能很难相信，被拒绝可以教会你一些东西。它可以帮助你思考自己相信什么，以及什么对自己来说是真正重要的事情。

当你被拒绝时，你可以做这些事：从发生的事中汲取经验，然后忘掉它，继续去交新朋友。

For you 你要做的

想一想你曾经被别人拒绝而感到伤心的经历。请你写一封简短的信给自己，说说当时发生了什么，你有什么感受，最后事情怎么样了？

你从这次经历中学到了什么？

如果类似的事情再次发生，你会怎么做？

For you 更多你要做的

谈谈一次你可能有意或无意让别人感到被拒绝的经历。

……………………………………

……………………………………

你拒绝别人之后有什么感受?

……………………………………

……………………………………

现在想起那件事，你有什么感受?

……………………………………

……………………………………

4

CHAPTER 4

理解和关心你的朋友

理解他人的感受叫作“共情”。一些孩子能很容易与他人产生共情，对朋友们的感受非常敏感。但有些孩子很难与别人产生共情，他们只按照自己的想法说话、做事，而不考虑自己的做法对别人的影响。

关心和共情是并存的。你对朋友越关心，你的朋友就越会觉得你理解他们。向你的朋友表示关心是永远不会错的。

Activity 29

活动 29　注意别人的感受

· 你要知道 · 不用特意去想，人们就会感觉到周围人的感受。在你思考之前，你就已经能感觉到他们忧郁还是快乐，比如“我最好的朋友今天似乎很伤心”或者“妈妈心情很好”。

当你和其他人说话时，要注意他们的感受。你可以仔细倾听，并观察他们的肢体语言，同时也注意自己的感受。如果你感觉还不错，他们可能也有一样的感受。如果你感觉不太好，那么可能确实有些地方做得不好。

当一切平静时，我们更容易觉察到别人的感受，但人们通常是急急忙忙的，尤其是大人们。他们可能从家里赶去上班，可能正在赶着完成任务，或忙着在一天结束前把事情都做好。在忙的时候，感受到别人情绪的微妙变化会更加困难。

For you 你要做的

在一天中对 2 个人进行观察，但不要引起他们的注意。观察他们的情绪。你不要直接问他们，试着从他们的语言、行为中发现他们的情绪，比如靠近他们、听听他们在说什么，观察他们的身体语言。

1 号人物

这个人第一眼看起来情绪怎么样?

……………………

你觉得这个人实际上情绪怎么样?

……………………

你是怎么得出这个结论的?

……………………

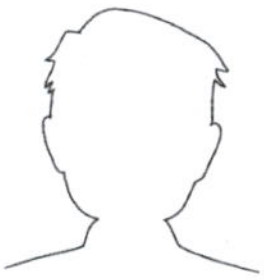

2号人物

这个人第一眼看起来情绪怎么样?

……………………………

你觉得这个人实际上情绪怎么样?

……………………………

你是怎么得出这个结论的?

……………………………

For you

更多你要做的

想一想你的一个好朋友或家人在生气的时候是什么样的?

……………………………………

……………………………………

他心情特别好的时候是什么样的?

……………………………………

……………………………………

他难过的时候是什么样的?

……………………………………

……………………………………

Activity 30

活动 30　帮助他人

· 你要知道 · 帮助他人很简单，也很重要。你甚至可以在别人开口之前主动提供帮助。

莉莉给她的朋友蒂娜打电话，说：“我们去骑自行车吧。”蒂娜说：“现在恐怕不行，我得先把我的房间打扫干净，然后才能出门。”于是莉莉主动提出帮助蒂娜打扫房间。她们很快就收拾完房间，然后一起出门骑自行车了。

雷切尔发现她的朋友杰西卡看起来很沮丧，于是问道：“怎么了？”杰西卡说：“这一次美术作业真的好难。”雷切尔说：“我来帮你。”美术老师见雷切尔与杰西卡分享了创意，向雷切尔微笑地表示赞赏。杰西卡看着雷切尔，也开心地笑了。

詹姆斯刚来这所学校不久，忘记了储物柜在哪里。安德鲁见他看起来很困惑，问他需不需要帮忙。詹姆斯说：“我找不到储物柜了。”安德鲁便带他找储物柜。在路上，他们谈论起了体育，发现两个人恰好喜欢同一个球星。

莉莉、雷切尔和安德鲁都知道，帮助别人是交朋友的好方法。

For you 你要做的

请在石桥的空白处写下你曾经帮助过别人的大大小小的事。

For you

更多你要做的

请你写下别人帮助过你的 3 件事。

1 ……………………………………

2 ……………………………………

3 ……………………………………

当别人帮助你时，你有什么感受？……………………

当你帮助别人时，你有什么感受？……………………

在你认识的孩子里，谁是最乐于助人的？……………………

Share 请写下这个孩子曾经帮助别人的一件事。

……………………………………

Activity 31

活动 31　过于好心

· 你要知道 · 你已经思考过如何表示友好、如何尽可能帮助别人，但是，信不信由你，你有可能太好心了。

亚历克斯一直希望能帮助别人。他的妈妈建议他想想，他自己会不会过于好心了，那些人是真的需要他的帮助，还是仅仅在利用他的好心。

避免太好心的最佳方法是注意其他人对待你的方式。他们是否对你有所回报？你帮助他们，他们是否也会帮助你？他们是感谢你的善意，还是看起来毫不在意，甚至对你为了提供帮助而做的努力感到心烦？

For you 你要做的

阅读下面的例子，请在左边一栏写下 3 个正常帮助他人的例子，在右边一栏写下 3 个过于好心地帮助他人的例子。

正常的帮助	过于好心
亚历克斯的弟弟让亚历克斯帮他解答数学难题	亚历克斯的同学让亚历克斯帮他写作业

For you

更多你要做的

Share 你认识的最好心的人是谁？请写下他正常帮助别人的一件事。

请写下你认识的过于好心的人发生的事。

为什么过于好心会成为一个问题？

Activity 32

活动 32　让所有人都加入

· 你要知道 · 有的孩子喜欢和一群关系亲密的朋友一起玩，而有的则喜欢和某一个特别好的朋友一起玩。无论是何种方式，都不要排斥别人。排斥别人是一种拒绝，这种行为会让别人感到难过。友谊是相互的，如果你接纳对方，对方也可能会接纳你。

布莱恩喜欢打篮球，也很擅长打篮球，不论是运球、传球还是投篮，他都表现得很棒。他是一个很优秀的篮球运动员，而且总和比他大一两岁，甚至三岁的孩子一起打篮球，但他往往是球场上的最佳球员。

每当篮球赛结束后，其他孩子都会一起出去玩，但他们从来不会邀请布莱恩，他们会骑车离去，留布莱恩一个人在球场。布莱恩想和他们一起去玩，却又不好意思开口，所以他每次都独自回家。

有一天，篮球赛结束后，布莱恩感到特别孤独。大孩子们准备一起去吃冰淇淋，他们依旧没有邀请布莱恩。布莱恩一个人投了几个篮后，就回家了。

布莱恩回家后，弟弟山姆问他想不想玩游戏。“不要，”布莱恩说，“你太小了，我不跟你玩。”山姆感到很难过。他想和哥哥一起玩，但布莱恩似乎不想留时间给他。

山姆和布莱恩分别坐在各自的卧室里，各自为自己感到难过。他们都觉得没有人愿意和自己一起玩。

许多孩子和布莱恩一样，只想和某一群朋友玩，如果不能加入这群朋友，就会感到难过。他们看不到学校里、邻居中，甚至自己家里想和他们玩的其他孩子。

For you 你要做的

在每个圆圈里写下彼此之间互为亲密朋友的孩子的名字。你的名字也可以出现在这些圆圈里。

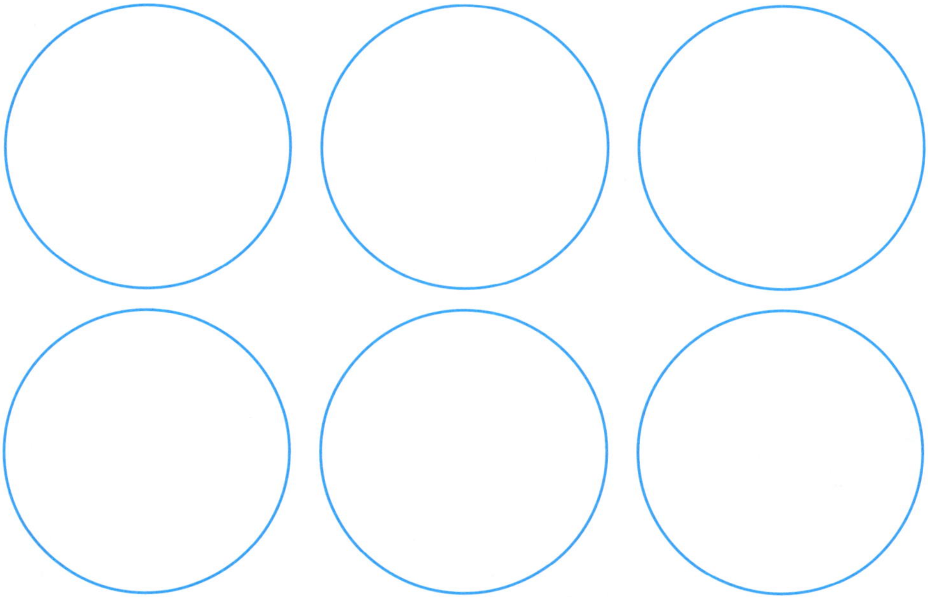

一个排外的群体会拒绝其他人的加入。在这些群体里，哪一个是最排外的？请用黑粗线条标出它所在的圆圈，表示其他人很难加入这个群体。一个包容的群体会允许其他人的加入。这些群体里，哪一个是最包容的？请用细虚线标出它所在的圆圈，表示它欢迎其他人的加入。

现在，根据加入群体的困难程度，将其他圆圈涂上粗线或细线。你认为哪个群体会最吸引人加入？

For you 更多你要做的

Share 请说说你曾经被其他人排斥的经历。

....

....

....

Share 请说说你排斥其他孩子的经历，当时发生了什么？

....

....

....

Idea 为什么群体应该包容?

Idea 你觉得群体里的人要怎么做才能变得更包容?

Activity 33

活动 33　不是你的错

· 你要知道 · 我们可能对别人的情绪很敏感，但要记住人们的情绪会受到生活中发生的事情的影响。如果你的朋友大发雷霆，或者你的哥哥在生气，这可能和你一点儿关系都没有。

人们有许多情绪，小孩子也有，由各种各样的原因引起。有时候人们意识不到真正让他们烦恼的事情是什么，就可能对身边的人发火。别人呵斥你的时候，你一定会感到难过，但你在抱怨之前，或在大声反驳之前，想想他为什么生气。

For you 你要做的

丹尼尔一直是个好孩子，他和彼得相处得很好。虽然他们不是很亲密的朋友，但在丹尼尔问彼得，他俩是否可以一起做科学课的作业时，彼得很开心。

丹尼尔想做一个可以喷射假熔岩的火山模型。老师认为这可能会把教室弄得很乱，希望他们提出一个新的想法。彼得建议画一个火山的横截面，用颜料来表示熔岩到达火山口的路径。他对这个想法很兴奋，因为他喜欢画画，也画得不错。但是丹尼尔却冷冷地说："这是一个可笑的想法。"彼得有些难过。

丹尼尔冷冷的其实跟彼得并没有关系，你觉得丹尼尔冷漠的原因是什么？请写在下面的横线上。

1. ……………………………………

2. ……………………………………

3. ……………………………………

For you

更多你要做的

Share

想想你认识的人里，谁说过伤人但无恶意的话？你觉得他为什么会这么说？

……………………………………

……………………………………

……………………………………

如果你在他旁边，你会怎么做？

……………………………………

……………………………………

……………………………………

Activity 34

活动 34　原谅他人

· 你要知道 · 当我们自私或伤害到别人时，我们都希望别人原谅自己。在生活中，你会向你的朋友请求原谅，也需要原谅别人。

周五这天，当其他同学离开教室去吃午餐时，老师叫住了海莉，问道：“你还好吗，海莉？你这一周好像都不太高兴。”

海莉快哭了出来，说：“一切都糟透了！我以为安妮是我的朋友，但是上个周末她请别的同学去她家过夜，没有邀请我。”

老师问：“你跟她说这件事了吗？”

海莉说：“当然，我告诉她我很难过。她说她不是故意的，她只能请几个女孩，所以邀请了平常不怎么在一起玩的女孩。她说过她很抱歉让我感到难过。但我不管，我就是生气！”

老师点了点头，说：“我理解你的生气，但你和安妮是很长时间的朋友了，你可以选择生气，也可以选择原谅她。哪个选择能让你们好受一些？哪个选择能让你们重新快乐地一起玩呢？”

当天下午，海莉叫住了安妮，说：“没关系了，我知道你不是故意让我伤心的。”海莉原谅了安妮，两个女孩和好了，开心地计划起彻夜狂欢的庆祝活动。

For you 你要做的

Share

请写下你曾因为别人做的事感到受伤，但最后原谅对方的一次经历。要说明你是如何原谅他的，是在心里原谅了他，还是明确告诉对方你原谅了他。

For you

更多你要做的

谈谈你为什么要原谅这个人。

……………………………………

……………………………………

你原谅他以后，你们的关系发生了什么变化?

……………………………………

……………………………………

为什么成为一个宽容的人很重要?

……………………………………

……………………………………

Activity 35

活动 35　尊重差异

· 你要知道 · 正是差异让世界变得更美妙。你与朋友们之间的小小不同都能让你们的相处变得更有趣。

许多孩子在很多方面都很相似，比如，他们都希望别人喜欢自己，可以把事情做好，在事情进展顺利时会更开心。通常，朋友间的相处都会很愉快，但这不意味着他们总是能达成共识，即使他们之间有很多共同之处。差异总是存在——因为孩子们的天分、经历、信念都不同。

For you

你要做的

在下面的表格中写下 3 个朋友的名字。在每个名字后面，写下你们有哪些差异，以及这些差异是否会影响你们的友谊，如果会，请说出原因。

朋友的名字	你们的差异	这个差异会影响你们的友谊吗?

For you 更多你要做的

你和某个朋友之间是否存在难以接受、难以理解的差异?

……………………………………

……………………………………

为什么这个差异对你而言难以接受、难以理解?

……………………………………

……………………………………

这个差异是如何影响你们的友谊的?

……………………………………

……………………………………

5

CHAPTER 5

调解冲突

每个人都可能与朋友发生冲突。你可能每天都会遇到孩子们之间，甚至成年人之间意见不合。人们在面对意见不合的情况时有不同的做法，一些做法对解决冲突毫无帮助，比如争吵、生闷气、骂人或冷战。此外，还有一些应对意见不合、解决冲突的好方法，比如折中、理解对方的观点，当然如果做错事还需要道歉。

当你学会调解冲突的技巧后，你就几乎能与任何人和睦相处。

Activity 36

活动 36　与难相处的孩子交往

· 你要知道 · 我们都会遇到与难相处的人打交道的情况。有时你会发现对方难相处的原因，可能是因为他对待别人的方式，可能是你觉得他太刻薄。有时你不知道为什么，就只是想躲避某个孩子。

有些孩子很有趣，也很好相处。他们总是看起来很开心，喜欢做很多不同的事情，几乎每个人都想与他们成为朋友。

还有一些孩子很难相处。他们可能脾气暴躁、易怒，或总是挑剔别人，可能会捉弄、欺负别的孩子。你总想避免与这些孩子交往，但有时候你可能会不可避免地与他们打交道。

一个好办法是学会与这些难相处的孩子（或成年人）交往，当你学会之后，你与任何人相处都没有问题。

For you 你要做的

Share 你身边有没有一个难以相处但你不得不经常和他打交道的人？不用写下他的名字，写下他做的困扰到你的一些事情。

....

....

....

为什么你认为他难以相处?

……………………………………

……………………………………

你对待他的方式有没有问题呢? 请说说你的原因。

……………………………………

……………………………………

列出你能做到的与他和平相处的 4 件事。

1 ……………………………………

2 ……………………………………

3 ……………………………………

4 ……………………………………

For you 更多你要做的

其他孩子也认为他是一个难相处的人吗?

……………………………………………………

……………………………………………………

为什么你这么认为呢?

……………………………………………………

……………………………………………………

为什么说难相处的人有时会让自己的生活更艰难?

……………………………………………………

……………………………………………………

Share 你身边有哪个孩子是大家都喜欢和他相处的？他是怎么做的？

Activity 37

活动 37　团体和小团体

· 你要知道 · 团体和小团体是不同的。它们都由一群有着共同兴趣的孩子组成，但是团体向其他有着共同兴趣的孩子开放，而小团体却对很多孩子关闭，即使有的孩子很想加入。

小团体在生活中是经常存在的。你可能已经意识到学校里小团体的存在，甚至工作中的成年人也会拉帮结派。小团体里的人会有一些共同点，比如，他们都很受欢迎，或者都是篮球队成员。但小团体与其他团体不同之处在于，它排斥其他想加入的孩子，小团体里的成员往往自大地认为自己比小团体外的人更好。

团体总是欢迎新成员的加入。团体有多种类型，比如电脑团体、魔术团体、影迷团体、社区服务团体。你所在的社区里可能就有很多团体等待你的加入，或者你也可以组建一个新团体！

Foryou 你要做的

请在下面的画框里，为你的团体之屋画一幅图，在屋子前面的招牌上写出团体的名字。

你想邀请谁加入你的团体？

在你们的团体会议上，你会做什么？

更多你要做的

For you

你们学校存在小团体吗？小团体里的孩子都有什么共同点？

现在想想小团体中的个体，他们之间有什么不同之处？

如果你把小团体里的成员当成个体来看待，你对这个群体的看法会有什么改变？

你想加入一个团体还是一个小团体？请说说你的理由。

Activity 38

活动 38　你能考虑其他孩子的感受

· 你要知道 · 和别人相处，最重要的就是学会理解别人的感受。有时候大人们会说："你必须把自己的脚塞进别人的鞋子里。"有一个词专门用来描述理解他人感受或观念、看法：共情。如果你能够共情，你对待别人的方式会完全不同于当你不能理解别人感受时的做法，好朋友总是能彼此理解。

雅各布刚搬进了一个新的小镇，目前为止还没有结识任何新的朋友。他的学校生活刚开始一周，他有点儿担心别的孩子会不喜欢他。“如果别人都不搭理我，我该怎么办？”他问自己的父亲。

“如果你在一所学校，有一个新的孩子加入到你们班，你会做什么呢？”他爸爸反问道。

雅各布想了想，然后说：“嗯，我会对他很友善，我会跟他打招呼并问他是否喜欢这所学校，我可能还会邀请他一起玩。”

“是啊，这可能也是大多数孩子对待你的方式。”雅各布的爸爸说，“去判断别人会如何反应的最好方式就是去思考，假定如果你在同样的场景，你会怎么做。”

“但是每个人都有自己的行为方式，因为人和人之间是不同的。”雅各布的爸爸接着说。“有些孩子可能会因为害羞，不会一开始就和你打招呼，也可能有部分孩子并不像你一样友好，他们可能根本就不会注意到你的存在。总之，在见到他们之前你都不知道别的孩子会怎样对待你，但是如果你了解到，每个人都是不同的并且有不同的感受，这样会让你更容易认识新的朋友。”

Share 你有没有遇到过类似雅各布遇到的这种情况？都发生了些什么？

For you 你要做的

别人愿意告诉你他们的感受总是好事，只要他们肯说，你就能大致了解应该如何反应。但是大部分时候，别的孩子并不会直截了当地告诉你他们是怎么想的，你必须自己体会。

对下面的图片中每个孩子的感受进行判断，画一条线和下方描述情绪的形容词相连，答案在本页最底部。

A 愤怒的　B 泄气的　C 难过的　D 内疚的

更多你要做的

你可以学习成为一名“情绪侦探”。打开电视，找一个你从来没有看过的节目（在这么做之前你可能需要先征得你父母的同意），把电视的声音关掉，看看你能否仅仅通过他们的面部表情、肢体语言以及他们正在做的事情判断他们的情绪感受。把你看到的写下来。

参考答案：C.难过的　A.愤怒的　B.内疚的　D.泄气的

Activity 39

活动 39　道歉

· 你要知道 · 我们都会犯错，或忘记去做已经承诺的事情。学会如何道歉以及何时道歉，能帮助你维持长久的友谊。

你有时候不得不以这样或那样的方式向别人道歉。道歉有大有小，你可能会因为在逛超市时不小心撞到别人而道歉，你也可能因为没能遵守承诺而向你的朋友道歉。

“对不起”是语义最复杂的话之一。这句话的意思会随着我们的语气的改变而发生变化，这 3 个字听起来可能是同情的、真诚的、讽刺的、虚伪的或刻薄的。我们说这句话时的音调和身体动作也很重要。

For you 你要做的

向你觉得需要道歉的一位朋友、家人或其他人写一封道歉信。可以是因为最近发生的事情，也可以是因为很久以前发生的事情。可以是你从来没有道歉过的事，也可以是你觉得本可以更好地道歉的事。

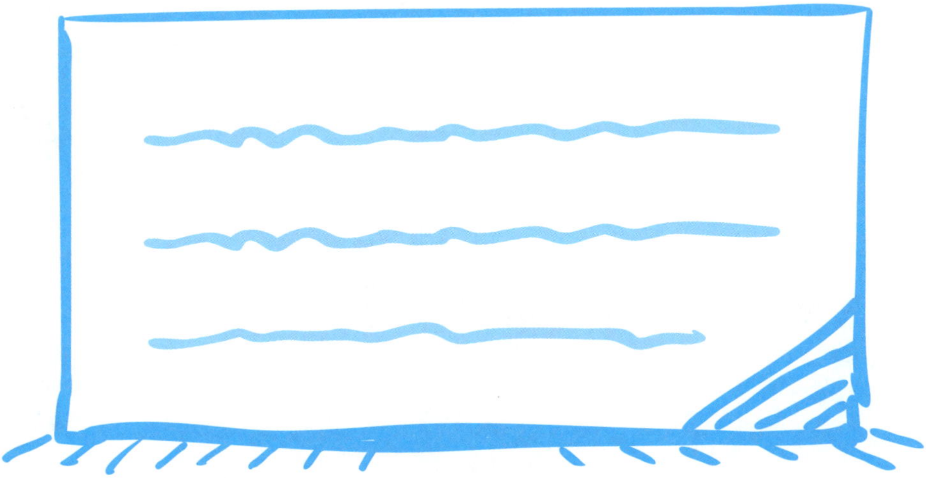

更多你要做的

你在写道歉信的时候有什么感受?

回想一次别人因惹恼了你而向你真诚道歉的经历，你对此有什么感受?

道歉帮助你原谅他了吗?

你怎么分辨道歉是不是真诚的?

Activity 40

活动 40　折中

· 你要知道 · 常常我们想做一件事时，周围的人可能却想做另一件事。折中的意思是在你想要的与其他人想要的之间达到一个平衡点。好的折中办法能让大家都满意。

凯西和凯拉是好朋友，但她们有时对做什么事情有不同的意见。一天，凯拉的妈妈想带她们出去吃午餐，让她们决定去哪儿吃。很快，凯拉的妈妈就听到凯西和凯拉在争吵。“披萨！”凯西坚定而大声地说。凯拉更大声地说：“不！我想吃汉堡！”

凯拉的妈妈听了一会儿，然后走出房间对她们说：“你们为什么不在吃披萨和吃汉堡之间想一个折中的办法？”

孩子们想了一会儿。然后凯西说：“我知道了！我们可以去商场里的美食广场吃午餐。在那里，你可以吃汉堡，我可以吃披萨。”

“好主意！”凯拉说。于是，她们一起去了商场，愉快地享用了午餐。

For you 你要做的

在下面的表格中，第 1 列是凯西想做的事，第 2 列是凯拉想做的事。请你在第 3 列写下每个状况的折中办法。

凯西想要……	凯拉想要……	折中办法
去披萨店吃披萨	去汉堡店吃汉堡	去美食广场，她们都可以吃到自己想吃的
去公园	去看电影	
在通宵派对上做烘焙	在通宵派对上玩桌游	
与凯拉一起上芭蕾课	与凯西一起上滑冰课	
请她们的朋友斯蒂芬妮一起玩	请她们的朋友泰勒一起玩	

For you

更多你要做的

请你写下最近遇到的你想要做的事和其他人想要做的事，并写出折中办法。

你想要……	其他人想要……	折中办法